Ce livre appartient à...

· ·

À mon amour
de Marius
de
grand-mère

Un livre Dorling Kindersley
www.dk.com

Auteure Mary Ling
Photographe Kim Taylor

ÉDITION BROCHÉE RÉVISÉE
Directeur de projet Charlie Gardner
Concepteurs Hannah Mee, Wayne Redwood
Éditrice américaine Jennifer Quasha

ÉDITION FRANÇAISE
Traduction Sylvie Chapleau

 5757, RUE CYPIHOT
SAINT-LAURENT (QUÉBEC)
H4S 1R3

www.erpi.com/documentaire

Dépôt légal – Bibliothèque et Archives nationales du Québec, 2008
Dépôt légal – Bibliothèque et Archives Canada, 2008
ISBN 978-2-7613-2609-4
K 26094

Imprimé en Chine
Édition vendue exclusivement au Canada

Petit deviendra grand

Papillon

Sortir de l'oeuf

Je suis une chenille. Je grandis dans mon minuscule oeuf jaune. Mon oeuf n'est pas plus gros que le point à la fin de cette phrase.

Ma mère est un papillon.
Un jour, je lui ressemblerai.

Je suis prête à éclore, alors
je fais un trou dans ma coquille.

Je me tortille pour sortir
par le trou.

Je suis enfin libre!

Toujours plus grande

J'ai une semaine.
Je suis plus grande chaque jour.
J'ai toujours faim.

Ma peau est très serrée.
Je commence à muer.

Je me débarrasse de ma vieille peau.
Ma nouvelle peau va mieux à mon corps qui a grossi.

Bientôt, je serai trop grosse
pour cette nouvelle peau.

Beaucoup de pattes

J'ai deux semaines
et je mue encore.

Maintenant, mon corps est
couvert de bandes colorées.

Combien ai-je de bras
et de pattes?

J'ai six bras
et dix pattes.

Habits rayés

J'ai trois semaines.
Je me régale de
ma plante favorite.

D'autres chenilles
en mangent aussi.
Je rampe jusqu'à
une autre plante.

Pendant que je mange,
mon habit rayé m'aide
à échapper aux dangers.

Je me sers de ma corne orange
pour faire peur à mes ennemis.

Changer de forme

J'ai quatre semaines.
Je suis maintenant
une chenille adulte.

Je cherche un endroit
où me cacher.

Mon corps change
de forme.

Je ne suis plus
une chenille. Je suis
devenue une chrysalide.

Enfin des ailes

Quand j'ai sept semaines,
je sors de mon cocon.
Je suis maintenant
un papillon !

Mes nouvelles ailes sont froissées et humides.

Je me repose un peu au soleil.

Mes ailes sont bientôt plates.
Je peux voler !

Au soleil

J'ai maintenant huit
semaines et je suis une adulte.
Mes ailes sont puissantes.
Je peux voleter dans
la prairie.

Je me sers de ma langue
très longue pour boire
le nectar sucré des fleurs.

Je suis enfin aussi coloré
que ma mère!

Regarde comme j'ai grandi

Deux semaines

Une semaine

L'oeuf

Trois semaines

Quatre semaines

Sept semaines   Huit semaines

Petit deviendra grand

Papillon
Observe un papillon sortir de son cocon
et déployer ses ailes

Poussin
Observe l'oeuf éclore et en sortir un poussin

Grenouille
Observe le cheminement d'une grenouille de l'oeuf,
au têtard, à la grenouille bondissante

Chaton
Vois le petit chaton devenir un jeune chat joueur

Cochon
Observe un porcelet devenir un gros cochon joufflu

Chien
Regarde un petit chiot joueur devenir un beau chien adulte